Le Corps En Poésies

TOME II

Sandrine Adso

Le Corps En Poésies

TOME II

L'empirisme que tu m'offres est une sensibilité rendue possible par la perception.
Cette possibilité engendre des interférences qui font la beauté de l'existence.

© Sandrine ADSO, 2023
Édition : BoD - Books on Demand, info@bod.fr
Impression : BoD – Books on Demand, In de Tarpen 42, Norderstedt (Allemagne)
Impression à la demande
ISBN : 978-2-3224-8028-9
Dépôt légal : Mai 2023

Omphalos[1]

Il est universellement le symbole du centre du monde.
Il s'inscrit toujours dans une terre féconde.
Un très grand nombre de traditions
Font partir l'origine du monde, d'un nombril, d'où la manifestation
Rayonne dans les quatre directions.

Ainsi de l'Inde où le Rig-Veda parle de l'ombilic de l'incréé
Sur lequel reposait le germe des mondes amorçé.
C'est du nombril de Vishnu étendu sur l'océan primordial,
Que germe le lotus de l'univers manifesté.

Visnou est le deuxième dieu de la trimūrti ancestrale,
Triple manifestation de l'Être suprême : Brahma Vishnu et Shiva.
La trimūrti incarne à la fois,
Le cycle de manifestation,
Conservation et dissolution
De l'univers dont Brahma est le créateur,
Vishnou le protecteur
Et Shiva le destructeur.

Vishnou est connu pour ses nombreux avatars
Il est la divinité principale du vishnouisme
L'une des deux grandes écoles qui partagent, plus tard
L'hindouisme avec le shivaisme.

---

[1] Nombril en grec.

Vishnou est souvent représenté en homme bleu avec une parure royale
Sans qu'il n'y ait rien de sacerdotal
Et quatre bras,
Tenant généralement une roue ou chakra,
Une conque ou shanka,
Un lotus : pandma
Et une massue : gada
Dans les mains.

Il porte sur sa tête une tiare dorée dans un geste certain
Appelée kirita-mukuta.
Il est dépeint également se reposant sur le serpent Shesha,
Un lotus sort alors de son nombril ;
Brahma sort lui-même du lotus sans fil.
Cette scène se reproduit à chaque nouveau grand cycle temporel ou kalpa,
Période liée à la cosmologie hindoue :
Vishnou et Brahma
Recréent ainsi l'univers d'un coup.

Sa parèdre est Lakshmi,
La déesse de la richesse et de la bonne fortune réunies.
Sa monture est l'aigle Garuda
Son enseignement vient du Dharma et crée l'Ahimsa.

Dans les Védras, son action principale ne consiste qu'en trois pas
Au travers desquels il ouvre le champ nécessaire à l'action.
Notamment le champ de bataille sur lequel opérera ensuite Indra.
Plus tard dans l'hindouisme réformé, il devient plus profond
Sa figure s'enrichit
Et il devient l'un des trois membres de la trimūrti
Et l'une des divinités les plus importantes du panthéon.

Mais l'ombilic n'indique pas seulement le centre de la manifestation physique
C'est aussi le centre spirituel d'un monde symbolique.
Ainsi du bétyle[2], en forme de colonne[3] ;
De l'omphalos de Delphes, centre du culte d'Apollon ;
Dont la pratique était bonne.
Ce Dieu, écrit Platon
Interprète traditionnel de la religion
S'est établi au centre et au nombril de la terre,
Pour guider les hommes de la terre.

Ainsi de l'île d'Ogygie qu'Homère nomme le nombril du monde
Ainsi de l'île de Pacques, ainsi de la pierre féconde
Qui supportait l'Arche d'Alliance au temple de Jérusalem
Et de l'omphalos qu'on montre encore auprès du Saint Sépulcre établi
En l'honneur d'un messie.
"Plusieurs disent[4], que Nostre Seigneur dist que c'est le milieu du monde…"

---

[2] Beith-el.
[3] Dressé par Jacob.
[4] Rapporte Ogier d'Angelure.

À ce propos, plusieurs théories se sèment.
Plusieurs interprétations se parsèment.
Le nombril est le centre en vérité,
Dans la plupart des cas cités.

L'ombilic nabhî, c'est le moyeu de la roue immobile :
Selon la terminologie hindoue
Qui révèle le Tout.
C'est l'arbre de Bodh Gaya
Spirituellement alibile
Au pied duquel le Bouddha
Parvint à l'illumination.

C'est sur le nombril du monde que s'établit la symbolisation
Du feu sacrificiel védique : le Yajña[5] destiné à honorer les deva
Par des louanges et des oblations
L'homme cherche une place parmi les forces de la nature par le yajña :
C'est le sacrifice du feu sacré.

Dans le védisme, l'univers est conçu comme une festivité[6]
Où tout peut être considéré
Comme nourriture.
Comme un chemin d'aventures.
Le dévoré Anna,
Le dévorant Annada.

---

[5] Le mot dérive de la racine verbale div, qui signifie "*briller, resplendir*". Il provient de l'étymon indo-européen deiwos signifiant "*dieu, divin*" plus précisément "*ceux du ciel diurne*" apparenté au latin deus à l'avestique daeva.

[6] Festin perpétuel.

L'offrande au feu symbolise le brasier universel
Dans lequel le Brahman est le grand dévoreur
Le principal auteur.
Mais tout foyer ou tout autel
Figure par extension, un tel centre,
Une sorte d'antre.

L'autel védique est le nombril de l'immortel,
Le point central où se résoud le ventre,
Là où se situe le centre
Des dimensions spatiales et temporelles
De l'état humain, le point de retour à l'origine,
La trace de l'axe du monde.
La trace d'une réalité féconde.

Dans certaines sculptures africaines,
Portes, plaques, statuettes, figurines
On remarque parfois un disque central
Où se résolvent les dimensions spatiales
Et temporelles de la personne humaine :
Il figure vraisemblablement aussi l'ombilic du monde.

L'ombilic est aussi le centre du microcosme humain :
Et il est aussi quelque part, un chemin
Tant dans le Yoga que dans l'Hesychasme[7].

---

[7] L'hésychasme vise la paix de l'âme ou le silence en Dieu. Cet usage trouve son expression dans la *Philocalie des Pères neptiques*, recueil de traités et de conseils concernant la vie spirituelle et la pratique de la prière.

Celle-ci appartient à la spiritualité mystique d'un monde
Établi dans la tradition de l'église orthodoxe
Peut-être comme un Érasme
Plus ou moins hétérodoxe.

L'hésychasme vise la paix de l'âme et le silence en Dieu
Ou les deux.
Cet usage trouve son expression dans la philotalie
Des pères neptiques recueil de traités de conseils concernant la vie de l'esprit
Et la pratique de la prière.

La recherche de l'hésychia peut être comprise de deux façons :
Soit comme la recherche des conditions
Extérieures de la tranquillité sur terre,
(Avec une forte tendance à englober tout l'univers)
Soit à l'état intérieur correspondant.
Ces deux sens ne sont pas séparables au demeurant.

Le premier, le plus littéral, consiste à fuir les hommes[8]
La vocation de l'homme,
Sa divinisation est unique, universelle
C'est-à-dire qu'elle est la même pour tous les êtres, en potentiel
Quel que soit notre état.

---

[8] Selon la parole donnée à Arsène, lorsqu'il demande les conditions du salut : « *Fuis les hommes, demeure en silence, tiens-toi en repos* », dans *Abba, dis-moi une parole*, trad. Lucien Regnault, Éd. Solesmes, p.127.

De plus, la fuite du monde dans un lieu de repos en deçà
N'est donc pas la fin de la voie hésychaste[9], elle n'en est que le moyen.

Si la fuite du monde est un moyen privilégié et non une fin
La fin véritable de l'hésychasme est le repos de l'âme en Dieu,
L'acquisition de la pensée du Christ dans ses vœux :
"*Je vous donne la paix, je vous donne ma paix, non pas comme le monde la donne*"[i]

Cette paix s'acquiert par sa présence dans le cœur de la personne
Préparé à une si grande visite par la vigilance de l'âme envers ses pensées[10].

La doctrine hésychaste repose sur une anthropologie et une théologie
Bien définies:
La possibilité pour l'Homme d'atteindre l'union avec Dieu, d'être déifié.
C'est là[11], le sens d'humanité
Et la raison de l'incarnation de Dieu :
"*Dieu s'est fait homme, pour que l'homme puisse devenir dieu*[12]."

La concentration spirituelle se fait sur le nombril,
Image du retour au centre.
Dans le Yoga[13], l'univers s'y assimile
Et de fortes méditations en l'esprit entrent.

---

[9] Hésychaste est celui qui dit :" *je dors mais mon cœur veille* " (Augustin Laurent casimir Bourquard, *Le palmier céleste, recueil des prières et de pratiques*, Éd. Benziger, 1868, 508 p., p. 228.), qui évoque la prière continuelle.
[10] La nepsis.
[11] Selon la spiritualité hésychaste.
[12] Selon une parole d'Athanase d'Alexandrie.
[13] En sanskrit devanāgarī : योग ; qui signifie « *union, joug, méthode* », « *mise au repos.*»

Le yoga est l'une des six écoles orthodoxes de la philosphie indienne :
Āstika, dont le but est la libération quotidienne[14].
C'est une discipline ou pratique commune à plusieurs époques et courants,
Visant par la méditation à certains moments
L'ascèse, les exercices corporels
À réaliser l'unification de l'être dans ses aspects
Physiques, psychiques et spirituels
Pour atteindre un sentiment de paix.

Les quatre voies[15] traditionnelles majeures du yoga
Sont le jnana-yoga, le bhakti yoga, le karma yoga et le raja yoga.
Elles sont exposées dans des textes tels que la Bhagavad-Gita.

C'est entre le IIe siècle et le Ve qu'est codifiée la philosophie du yoga,
Dans les Yoga-sûtra, texte de référence attribué à Patañjali,
Et synthèse de toutes les théories.

Le terme yoga est communément utilisé aujourd'hui
Surtout en occident, pour désigner des formes de yoga posturales
Pour rejoindre certains moments fœutales.
Dont un des textes classiques est la Hatha Yoga Pradipikā
N'est qu'une branche du yoga.

En 2014, l'ONU décrète le 21 juin *"journée internationale du yoga"*,
Sous l'impulsion du premier ministre indien nationaliste Narendra Modi.
Par lui, tout commença à être dit.

---

[14] Moksha.
[15] Márga.

Ces pratiques font l'objet de diverses critiques,
Portant principalement sur leurs dérives mercantiles obliques
Dans le monde occidental et le risque de dévoiement sectaire.

Dans le Yoga de façon toute particulière
On fait correspondre au nombril le manipura-chakra[16]
Centre des énergies transformatrices et de l'élément feu à chaque fois.

Dans la philosophie chinoise, il fait partie des cinq éléments
Avec le métal, l'eau, le bois, la terre (et le vent ?)
Chez les alchimistes occidentaux, il fait partie
Des quatre éléments inertes de base composant toutes formes de vie
Avec, l'eau, l'air et la terre
Selon l'enseignement bien antérieur d'Aristote[17] et sa philosophie *"première"*

Le feu est naturellement associé au Soleil, qui est également
Une source de lumière et de chaleur dans le même temps.
Il est également souvent associé aux volcans,
Comme le feu de la forge d'Héphaistos ou de Vulcain
Les dieux olympiens.

_____
[16] Ou nabhî-padma.
[17] Le feu est un élément central de plusieurs doctrines fondées sur les quatre éléments.

Cette ambivalence se retrouve dans les aspects moraux et juridiques
Du feu : tantôt il a pu être fantastique,
Comme l'instrument d'une justice transcendante[18].
Souvent violente.
Tantôt son image est rigoureusement contrôlée
Et parfois gravement sanctionnée[19].

Le feu est aussi un symbole de purification
D'où l'utilisation du bûcher pour certaines condamnations.
Ce symbole provient sans doute de certaines pratiques agraires
Qui consistent à brûler la terre
Pour la rendre plus fertile,
Mais il est certain que cette symbolique tient son origine à plusieurs fils.

Pourtant le feu, comme symbole de purification
Était pratique courante pour les chrétiens du moyen-âge.
Donc soit condamnation, mais pas toujours comme une exaction.
Avec le temps, au fil des âges
Ordalies et bûcher se sont perdues ou tout simplement détruites.
Les pratiques périclitent.

---

[18] Le bûcher fut une condamnation pénale courante au moyen-âge et existe même très localement à l'époque contemporaine ; alors que l'immolation est considérée par certains comme un acte de sacrifice suprême face à la justice des hommes, y compris dans des sociétés modernes.

[19] L'incendie était un des plus grands crimes à Athènes.

Le feu a d'autres symboliques
Précisément, un symbole érotique.
Dans l'Éneide, la passion que Didon avait pour Énée
La consommait de l'intérieur le plus secret.

Cette symbolique érotique prend son sens dans les métaphores
Et les images qui font coincider le feu, mais encore
L'acte sexuel, la passion, l'affectivité, les sentiments.
Le feu est un dévoré et un dévorant.

Dans la mythologie gréco-romaine, Cupidon
Était représenté par un arc et une torche allumée
La lumière et la beauté alliées.
Le feu est divinisé dans de nombreuses traditions
Et a été l'objet de l'adoration
D'un grand nombre de peuples et de tribus monothéistes,
Quelquefois de notions occultistes.

Dans le domaine celtique,
Le symbolisme de l'ombilic
Est représenté principalement par le théonyme Nabelcus, surnom de Mars
Attesté par quelques inscriptions éparses[20].

---

[20] Du sud-est de la Gaule.

Le mot est apparenté au gallois *naf* chef, seigneur
Et correspond au grec omphalos, point central.
Mars Nabelcus est donc un maître ou un seigneur
Ou encore le dieu d'un centre idéal.

Les celtes ont eu aussi des centres sacrés :
César parle d'un *locus consecratus* dans la forêt.
La forêt *Carnute* où se réunissait les druides pour élir leur chef.
Cet endroit passe pour être le centre du pays et on connaît derechef
En Gaule, même, plusieurs dizaines de toponymes en Mediolanum[21].
En Irlande, toute la vie religieuse était concentrée de ces Hommes
Dans la province centrale de Midhe[22]
Révélant au fil des siècles leurs secrets.

L'omphalos dans l'art est symbolisé
Par une pierre blanche dressée
Au sommet ovoïde, dont beaucoup de modèles sont encerclés
D'un ou de plusieurs serpents.

Celui de Delphes était, selon Pindare
Dans ses *Odes et Fragments*[23]
Plus que le centre de la Terre, plus que le centre de l'univers créé dans une belle histoire.

---

[21] Centre de perfection ou plaine centrale, suivant l'étymologie courante.
[22] En graphie anglaise : Meath.
[23] Ses Olympiques, ses Pythiques, ses Néméennes, ses Isthmiques, ses Dithyrambes, ses Péans, ses Fragments.

Il symbolisait la voie de communication entre les trois niveaux d'existence,
Et leur ambivalence
Ou les trois mondes successivement :
De l'Homme vivant ici-bas,
Du séjour souterrain des morts au trépas,
Enfin de la divinité
Dans un ordre croissant.

L'Omphalos de Delphes était censé situé
Sur le lieu où Apollon
Aurait tué le serpent Python
En même temps que sur la crevasse où s'étaient englouties
Les eaux du déluge de Deucalion.
Il symbolisait la puissance de vie
Qui domine les forces aveugles et monstrueuses du chaos.
On dirait à ce propos
La régulation rationnelle de la vie.

Mais une régulation obtenue par une maîtrise intérieure,
Par une victoire sur soi-même,
Une conscientisation extrême.
Et non par des auxiliaires extérieurs.

On retrouve jusqu'aux nouvelles Hébrides cette idée
Que l'Omphalos assure la communication des hommes avec le Chaos.
Une sorte de divinisation de la vie avec toutes ses particularités
Traduite quelquefois par les mots.

L'omphalos cosmique
A été opposé à l'œuf cosmique
Comme le principe viril au principe féminin de l'univers.
Le monde est le produit de leur hiérogamie première,
Comme l'enfant est le fruit de l'union sexuelle.

L'enlacement du serpent autour de l'omphalos virtuel
Aussi bien qu'autour du linga
Symbolise la synthèse ou l'union des sexes et de son émoi.

De même qu'il y a un nombril de la terre
L'étoile Polaire,
Autour de laquelle paraît tourner le firmament
Est désignée fréquemment
Sous le nom *nombril du ciel*
Ou *moyeu*, ou *gond*, du *ciel*.

Main

La main qui parcourt le monde ou qui touche furtivement
Le corps de l'amant,
Est plus douce qu'un rayon de soleil printanier
Elle est bonne comme la Liberté.

Souvent lorsque je vois tes mains
S'évanouissent tous les chagrins
Vers de nouveaux secrets,
Et, c'est toujours toi qui a les clefs.

Les clefs de mon être sont offertes à toi,
Sur un tapis de velours
De la couleur de ton choix…
Sont gravées les cinq lettres : A.M.O.U.R..

Et les caresses dansent sous le feu de la nuit
Alors en un instant, toute ma vie fleurit
Laisse-moi rire et pleurer dans tes mains
Laisse-moi t'attendre aujourd'hui et demain.

Quelquefois je cherche l'anneau
Qui remplace tous les mots
Et brille dans tous les espaces
Où tu te déplaces.

Alors je contemple émerveillée
Tes gestes simples qui ont la saveur d'un baiser.
Et ta bouche si chaude m'entraîne au pays des rêves brûlants
Là où les secrets flottent dans un paradis à l'origine
De tous tes gestes, calmes et lents
Comme une ode à la présence divine.

Tes mains ressemblent à ma prière
Lorsqu'elle se fait vœux
Montant dans ma lumière
Pour ne plus faire pleurer tes yeux.

Tu es le chemin bleu
La première nuit, de la première étoile.
Et j'atteinds les marches de la conscience sidérale
Qui t'enveloppe chaque matin
Aux premières secousses, du dernier ravin.

Tu ne tomberas pas,
Tu t'éléveras
Tel un oiseau
Vers les sommets les plus hauts.

Et si je rêve de tes mains, c'est aussi le rêve de ta voix
Qui m'envahissent et parfument tous mes émois.
Tu es devenu une nouvelle loi
Qui n'ordonne, ni ne condamne
Sur tous les lieux, mêmes profanes.

La main est un emblême royal,
Instrument de maîtrise et signe de domination joviales.

Le mot hébreu *iad* signifie à la fois main et puissance
La main de justice[24]
Fut au moyen-âge l'évidence
L'insigne de la monarchie française,
Une sorte d'outil qui d'office
Permet à ce gouvernement d'évoluer vers une aise
Divine et humaine.
La *iad* est souveraine.

La main gauche de Dieu est traditionnellement mise en lien avec la justice,
La main droite avec la miséricorde, qui chasse toutes formes de supplice,
Ce qui correspond à la main de rigueur et à la main droite de la Shekinah[25].
Ou Chékina est un mot féminin hébraique signifiant présence divine, là
Utilisé pour désigner la présence de Dieu parmi le peuple d'Israël
Ou l'immanence divine dans le monde éternel
Particulièrement dans le temple de Jérusalem : maison de sainteté[26].
"Et ils me construiront un sanctuaire [sacré]
Pour que je réside au milieu d'eux"[ii].
Puis : *"Et je résiderai au milieu*
Des enfants d'Israël,
Et je serai leur divinité [pour des temps éternels]"[iii].

---

[24] La justice étant, on le sait une qualité digne des rois.
[25] Selon la Kabbale.
[26] Beitha-Mikdash.

Le prophète Isaïe relate que la présence divine se manifeste sur le mont Sion
Sur lequel étaient construites les deux premières maisons[27] :
"Voici, moi et les enfants que l'Éternel m'a donnés
Nous servirons de signes et d'avertissements [marqués]
De la part de l'Éternel-Cebaot, qui réside sur le mont Sion"[iv].

Le Yalcout Shimoni[28] mentionne que depuis la destruction
Du second temple sous le nom de Temple de Salomon
"Partout où le peuple d'Israël a été éxilé,
La Shekhina l'a accompagné
Dans son exil[29]*"* qui ne fut pas unique.

Dans la dix septième bénédiction de la prière de la Amida
Les fidèles s'inclinent en priant silencieusement, authentiques
De ramener sa présence à Sion : une nouvelle fois.

Dans la théologie et la philosophie médiévales
La Shekina est regardée comme la première entité créée,
Intermédiaire, primordiale
Entre Dieu et l'Humanité
Ou l'Homme et la divinité.

---

[27] Temples.
[28] Compilation d'allégories issues du Talmud et attribuées au rabbin Shimon Ashkenazi Hadarshan de Francfort.
[29] עמם שכינה גלתה – ישראל שגלו מקום לכל

C'est elle qui apparaît
Dans la vision prophétique.
Et d'un point de vue kabbalistique,
Le terme de la Shekina a pris un développement considérable.

En tant que dixième et dernière sefira, elle présente le principe féminin
Réceptif et passif du monde divin.

La Shekina est encore la première étape incommensurable
De l'itinéraire des mystiques dans l'ascension contemplative
Une sorte de mission admirative.

La main droite est la main bénissante,
Douce ou violente
Emblême de l'autorité sacerdotale,
Comme la main de justice l'est du pouvoir royal.

Bien qu'il ne s'agisse pas d'un principe absolument
Constant,
La main droite correspond plutôt, en Chine à l'action,
La gauche au non-agir, à la sagesse cette polarisation
Peut d'ailleurs être considérée comme la base des mudrâ[30] :
Yoga des mains et des doigts.

---

[30] Hindous et bouddhiques.

Selon le canon bouddhique, la main fermée
Est le symbole de la dissimulation
De l'ésotérisme, du secret.
La main du Bouddha n'est pas fermée
C'est-à-dire qu'il partage ses contemplations.

Mais, tant dans le bouddhisme que dans l'hindouisme,
Le mudrâ est le symbolisme
Le plus essentiel : ceux de la main.
Aidant à vers l'harmonie, faire le chemin :
L'abhaya-mudrâ,
Le varada-mudrâ,
Le tarjanî-mudrâ,
L'anjali-mudrâ,
Le bhumisparsha-mudrâ,
Le dhyâna-mudrâ,
Le dharmachakra-mudrâ,
Le vitarka-mudrâ.

Le mahâyâna ajoute des mudrâ
Propres à certains Bouddhas ou Bodhisattva.

La signification des gestes est aussi fréquente tant au Borobudur de Java
Que dans les mandala.

Le symbolisme des mudrâ n'est pas seulement formel :
C'est si vrai que le mot désigne à la fois le geste et l'attitude spirituelle
Qu'il exprime et développe en commun.

Les danses rituelles de l'Asie du Sud ont été appelées des danses des mains
Non seulement les mouvements qu'elles inscrivent dans l'espace,
Mais la position même des mains par rapport au reste du corps ;
Et des doigts dans leur agencement le plus fugace
Ont un sens plus significatif encore.

Il en va de même dans les arts plastiques, peinture et sculpture ;
Les positions relatives des mains et des doigts dans leur nature
Symbolisent des attitudes intérieures.

On l'a vu pour les principaux mudrâ, il y en a tout un chœur.
Qui obéit à une sorte de stéréotypie hiératique ;
Par exemple les positions physiques :
Les mains reposant la paume sur les genoux,
Expriment un moment très doux :
La concentration méditative
Une sorte de pensée contemplative.

La main droite levée, index et médius tendus et réunis,
Les autres doigts repliés : l'argumentation infinie,
La dialectique ;
La main pendante, paume à l'extérieur le don, la charité catholique.
La main ouverte qui s'avance, la paume tournée vers le ciel
L'apaisement, la dissipation de toute crainte substantielle.
La main droite, la paume tournée vers l'extérieur
Décrit une sorte d'ardeur
Et touchant terre : l'illumination.

Au Japon, les doigts pliés de façon à former
Un triangle avec le pouce
Indiquent la concentration affective poussée
Et assurent un calme mental sans secousses,
Embryon de grande compassion.

L'index de la main gauche pointé vers le ciel s'insérant dans la main droite fermée
Comme un pilier.
La pénétration dans la connaissance
Le bonheur dans la sapience
Nommé : plan de diamant.

L'attitude pensive est représentée manifestement
Par la secte japonaise Shingou sous les traits d'un Bodhisattva assis,
La tête inclinée s'appuyant sur la main droite
Dans une attitude coite.
L'autre main tenant la cheville droite aussi
Sur le genou de la jambe gauche qu'il laisse pendre.
Le Bodhisattva peut dès lors attendre.

Toutes les civilisations ont utilisé
Avec plus ou moins de subtilité
Ce langage des attitudes et des mains.
En Afrique placer la main gauche, doigts pliés et joints
Dans la main droite est un signe de soumission et d'humilité ;
À Rome, la main enfouie sous la manche marquait
l'acceptation de la servitude et le respect.

Le symbolisme de la main rejoint en monde celtique celui du bras,
Qu'il est impossible d'en séparer totalement.
Le mot *lam*[31] sert d'ailleurs souvent à désigner le bras[32].
Les deux mains dressées, la paume en avant[33]
Sont un geste de supplication ardent.
Les Gauloises en usent à plusieurs reprises[34]
Avec ou sans dénudement du sein hors de la chemise.

La main a aussi valeur magique.
Le roi Buada amputé du bras droit ne peut plus régner
Parce que le monde celtique
Ne conçoit pas un roi uniquement chargé
De potentiel dangereux.
Sa force devient similaire à l'eau qui éteint le feu.

On ne connaît pas dans les textes et l'iconographie[35]
De témoignage de l'existence de *la main de justice*
Capable des plus grandes armistices.
Ce symbole de l'autre aspect de l'activité royale réuni
Dans un parcours équilibrant et abouti.

___

[31] Main.
[32] Tout entier.
[33] Passis manibus selon les termes de César, dans la guerre des Gaules.
[34] Au cours de la guerre des Gaules au moins à Avaricum et à Bratuspantium.
[35] Hormis quelques mains qui apparaissent en numismatique gauloise.

Mais le roi celtique est aussi un juge et un bon roi
Celui qui rend des jugements justes et droits.
Les enfants de Calatin, qui par définition sont des Fomoires :
C'est-à-dire des créatures sombres, maléfiques ne laissant aucun espoir.
N'ont qu'un œil, une main, un pied,
Et sont très laids
Parce qu'on leur a fait subir des manifestations contre-initiatiques.
Sont devenus horrifiques.

La main sert enfin à l'invocation : la reine bretonne Boudicca
Invoque la déesse de la guerre Andrasté,
En levant une main vers le ciel vers l'au-delà
Et les druides de l'île de Mona[36]
Prient et lancent des imprécations
Ou des incantations
Contre les Romains en levant aussi les bras.

___

[36] Anglesey.

La main ouverte, les doigts allongés
Et souvent le pouce relevé
Sont fréquemment présentés en Amérique Centrale précolombienne,
Aussi bien dans la glyptique
Que sur les reliefs
Résistants à tous les zefs.
Sa première acception numérique
Est le cinq. Elle est le symbole du dieu du cinquième jour
Que l'on peut imaginer habillé de velours.
Mais ce dieu est à connotation chtonienne ;
Quelquefois païenne
C'est pourquoi la main devient un symbole de mort
Et même maintenant encore
Dans l'art mexicain.

En effet, on la rencontre associée à des symboles de défunt
Des têtes de mort, des cœurs, des pieds saignants
Le scorpion, le couteau sacrificiel.
En langue Yucatec, on appelle ce couteau *la main de Dieu* dans le ciel.
Le Jade, symbole du sang,
Serait représenté par une main dans la glyptique maya.

Quant à l'association de la main et des sacrifices sanglants,
Thomson souligne qu'à l'occasion des sacrifices[37]
Le prêtre utilisait dans ses offices
La peau des écorchés,
Et ne pouvait enfiler les doigts.
La peau des écorchés était donc coupée au poignet
Et la propre main du prêtre se montra
Sur le macabre costume dont il était revêtu
Nu sur une peau nue.
Ce détail visuel pouvait donc suffire
À faire de la main le symbole du martyre
Et parachever le rite de substitution propre au sacrifice
Avec l'apparence d'un maléfice.

Dans la tradition biblique et chrétienne,
La main est le symbole de la puissance et de la suprématie souveraines.
Être saisi par la main de Dieu,
C'est recevoir la manifestation de son esprit.
Lorsque la main de l'Homme est touchée par Dieu
Celui-ci reçoit en lui la force divine en silence, sans bruit.

---

[37] À Xipe Totec.

Ainsi la main de Yavhé
Touche la main de Jérémie avant de l'envoyer prêcher.
Le livre de Jérémie est un livre du Tanakh[38] et de l'Ancien Testament
Écrit selon la tradition juive et chrétienne par le prophète
Il est cependant éprouvé dans de durs tourments
Mais dans son amour pour Dieu, rien ne l'arrête.

Selon le texte, lorsqu'il prend connaissance du contenu du livre
Le roi Joachim déchire le rouleau et le jette au feu ;
Jérémie pleure et se délivre
En le récrivant de son mieux.

Jérémie reçoit une révélation
Quand il est encore jeune avant
D'exercer le métier de prêtre sur la terre de Sion
Pendant très longtemps.

Jérémie est expulsé du temple
Au moment où il devient prêtre
Et doit se soumettre à la stratégie du temple,
Plein de haine
Et contraire à la sienne
Par des reîtres[39].

---

[38] Tanakh est l'acronyme de l'hébreu « תּוֹרָה - נביאים - כתובים », en français : « *Torah - Nevi'im - Ketouvim* », formé à partir de l'initiale du titre des trois parties constitutives de la Bible hébraïque : T ת : la Torah תּוֹרָה ; N נ : les Nevi'im נביאים ; K ך : les Ketouvim כתובים. On écrit aussi Tanak.
[39] Guerriers brutaux.

Jérémie est menacé de mort
Sans doute au moment de la mort de son père
De qui il détenait toutes les prières.
Le grand prêtre Helkias, dont il est le trésor
L'héritier légitime et auquel il succède malgré tout.

Jérémie met son livre par écrit bout à bout
Contenant d'abord les paroles révélées,
Puis les actes révérés.

Jérémie est un prêtre du temple de Jérusalem
Fils du grand prêtre Helkias lui-même
Auquel il succède la première année de Joachim,
Il disparaît après l'écriture de son livre, la dernière année de Joachim.

Jérémie est choisi par Dieu pour servir de prophète
Il est assuré de bénéficier de son soutien dans chacune de ses quêtes :
"Et s'ils te condamnent, ils ne prévaudront pas contre toi,
Car je serai avec toi,
Dit l'Éternel, pour te protéger
[Pour l'éternité]"[v].

Un cinquième événement est indirectement évoqué
Par le shabbat, jour sacré.
"Pense au jour du Sabbat pour le sanctifier"[vi].
Et chaque jour, sera jour de prière
"Durant six jours tu travailleras et t'occuperas de toutes tes affaires"[vii].
"Mais le septième jour est la trêve de l'Éternel, ton dieu :
Tu n'y feras aucun travail [besogneux],
Toi, ton fils ni ta fille, ton esclave mâle ou femelle,
Ton bétail, ni l'étranger [providentiel]
Qui est dans tes murs"[viii].
"Car en six jours l'Éternel a fait le ciel, la terre, la mer [l'instant d'un murmure]
Et tout ce qu'ils renferment, et il s'est reposé le septième jour ;
C'est pourquoi l'Éternel a béni le jour du Sabbat et l'a sanctifié [avec amour]"[ix]
L'exode n'est pas un événement du passé
Mais un point où l'éternité
Et le temps des Hommes fusionnent.
C'est parce que le temps profane est consacré à Dieu (qui sans cesse donne)
Qu'il devient un temps du salut,
Un temps reconnu
C'est d'ailleurs ce que dit Moïse, lorsqu'il s'adresse au peuple d'Israël.

"Ce jour sera pour vous une époque mémorable
[Vous le rendrez adorable]
Et vous le solenniserez comme une fête de l'Éternel ;
D'âge en âge, à jamais vous le fêterez
[Ce sera, ainsi un nouveau lien solennel]"[x].

Le présage est simple : s'arrêter
Afin de mieux recommencer
En se rappelant l'alliance qui libère l'Homme de la matière
Et lui donne donc le véritable repos spirituel.
Fait de prières
Envers l'unique l'Éternel.

Ce jour de repos a tout d'abord un sens religieux.
Il s'agit d'imiter le repos de Dieu,
Au septième jour de la création.
Le récit nous dit aussi qu'en ce jour, Dieu a tout achevé
C'est-à-dire mené à sa perfection
Et surtout que Dieu *"sanctifia"* ce jour, lui donna un caractère consacré.

Le repos du septième jour a une double visée
D'une part, il permet de couper court avec les soucis de la condition humaine
Parce que ce moment permet de l'extraire
Du flux et des affaires courantes de la vie quotidienne :
La méditation dans la prière.

D'autre part, il fait place à Dieu dans le temps des hommes et des femmes.
L'Homme s'arrête donc pour se reposer derrière la flamme[40]
Mais aussi pour célébrer les sept jours de la création
Première alliance de Dieu avec les hommes justes et bons.

---

[40] Des bougies.

Dans la tradition juive, le shabbat commence le vendredi soir,
Au coucher du soleil,
Et se termine le lendemain samedi soir.
Donc un jour en veille.

La fête juive du shabbat est la répétition d'un cycle perpétuel
Elle constitue un événement liturgique qui renouvelle
De semaine en semaine l'œuvre créatrice,
Le débordement du temps dans l'éternité.

Lors de chaque repas de shabbat, après l'office,
On évoque la Pâque, où chaque fils d'Israël a le devoir de se regarder
Comme étant lui-même sorti d'Égypte : inauguration d'une nouvelle ère
Pour le peuple juif qui retrouve la lumière.

Quand la main de Dieu touche l'homme, celui-ci
Reçoit en lui,
La force divine ; ainsi la main de Yahvé
Touche la main de Jérémie avant de l'envoyer prêcher.

Elie sur le Carmel voit monter de la mer un léger nuage
Comme un présage
Et sent sur lui la main de Yahvé.

Abraham, fidèle à la tradition attestée,
Refuse d'accepter les présents corrupteurs
Peut-être parce qu'il a peur.

Quand le roi de Sodome lui propose des biens,
Il *lève la main vers Dieu,* non seulement pour implorer sa protection
Sa puissance, son maintien
Mais parce que lui seul possède les cieux et la terre, la création.

Le Midrash insiste sur l'attitude d'Abraham à l'égard de son fils Ismaël.
Ce dernier fut renvoyé par son père les mains vides :
Sans biens et sans droits essentiels
Malgré son état d'enfant, de candide.

Dans l'Ancien Testament,
Quand il est fait allusion à la main de Dieu,
Le symbole signifie Dieu, dans la totalité de sa puissance majestueusement
Et de son efficacité pour tous nos vœux.

La main de Dieu crée, protège ; elle détruit
Si elle s'oppose
Elle règne sur la vie
Elle choisit toujours le cours naturel des choses.

Il est important de distinguer la main droite, celle des bénédictions
De la main gauche, celle des malédictions.

La main de Dieu est représentée souvent sortant des nuages,
Le corps demeure caché dans le ciel.
C'est une image,
Mais elle est fort belle.
Afin de manifester sa divinité,
Elle apparaît entourée
D'un nimbe crucifère.

Tomber entre les mains de Dieu se présenter avec sa prière
Ou de tel homme, signifie être à sa merci ;
Pouvoir être créé ou anéanti par lui.

La main est parfois comparée à l'œil : elle voit.
C'est une interprétation que la psychanalyse a retenue,
En considérant que la main apparaissant quelquefois
Dans les rêves est l'équivalent de l'œil nu.
On peut donc songer à découvrir un *aveugle aux doigts de lumière*[41].
La main devient vision singulière.

Comme la bouche et les yeux, la main parle et voit.
Elle dit même des choses que la bouche ne peut pas,
Elle voit des choses que les yeux ne voient pas.

---

[41] « Edward aux mains d'argent » est un film américain réalisé par Tim Burton, sorti en 1990.

C'est par l'extrêmité des mains que s'exhale l'énergie
Ou fluide vital des magnétiseurs, et totalement différent de la sorcellerie.
L'imposition des mains signifie
Un transfert d'énergie ou de puissance,
Et parfois de jouissance.
La main exprime des idées d'autorité, en même temps.
Il est ou n'est pas violent.
Que de puissance et de domination.
Elle est
Une totale entité.
Il faut se souvenir que le mot *manifestation*
A la même racine que "*main*".
Elle est chemin.

En somme, nous pouvons distinguer les gestes de main libre
Qui se manifestent par un objet concret en équilibre
Et les gestes de main articulés par un objet moral.
C'est-à-dire que nous avons d'un point de vue idéal
D'une part les gestes de main spiritualisant
Abstraits et d'autre part les gestes de main matérialisant.

Dans les deux cas, nous entrons souvent de plein pied dans le domaine infini
De la superstition, des croyances populaires, des légendes de jour et de nuit.

Ainsi, par exemple, le geste du signe de la croix chrétien
Est-ce une figure religieuse
Ou superstitieuse ?
Peut-on dire que les gestes de figures religieuses ont des fins
À caractères superstitieux
Parce qu'ils sont sacrés ?
Peut-on dire que seuls les gestes profanes sont superstitieux ?
Et pourquoi ?
Quels sont les signes de la foix ?
Car il faut encore ajouter :
La puissance de dominer
La main est un emblême royal,
Instrument de maîtrise et signe de domination fatale.

Le même mot hébreu "*iad*" signifie à la fois main et puissance.
Par ailleurs, dans certaines circonstances
La main serait une transposition plastique du nom d'Allah.
Elle symbolise la providence
Et représente l'abrégé de la loi.

Selon Grégoire de Nysse, les mains de l'homme sont également liées
À la connaissance, à la vision, car elles ont pour fin, le langage.
Dans son traité sur *La création de l'homme* il écrit :
"… Les mains lui sont, pour les besoins du langage
D'une aide toute particulière et d'une spécifité.
[Maintes fois vérifiée]
Qui verrait dans l'usage des mains
[Un nouveau langage, un nouveau chemin]
Le propre d'une nature rationnelle dans cette vie
Assujettie
Ne se tromperait pas du tout, pour cette raison couramment admise
Qui explique et valorise
Et facile à comprendre qu'elles nous permettent
De représenter nos paroles par des lettres ;
À la conquête
Des termes maîtres
C'est bien en effet une des marques de la présence de la raison
De s'exprimer par des lettres et d'une certaine façon
De converser avec les mains, en donnant par les caractères écrits
De la persistance aux sons et aux gestes" transcrits.

Placer ses mains dans celles d'autrui, c'est remettre sa liberté
Ou plutôt s'en désister en la lui confiant,
C'est faire l'abandon de son pouvoir et de sa capacité de créer.
Citons à ce propos deux exemples frappants :
L'hommage féodal comporte l'immixtio manuum[42]
Le vassal, le plus souvent agenouillé dans ce continuum
Tête nue et privé d'armes, place ses mains
Dans celles de son suzerain
Qui referme les siennes, sur celles de son partenaire.

Il y a donc par ce rite de l'hommage envers un Seigneur fier
L'attitude d'une réponse princière.
Une radiation de soi-même par le vassal
Qui est en cette circonstance, une attitude normale
Et une acceptation par le seigneur
À qui il est fait honneur.
Les obligations qui en résultent sont réciproques.
C'était une bien noble époque !

Nous retrouvons une disposition analogue pour la vierge et l'ordinand[43]
Le rituel décrit la cérémonie par laquelle la vierge ou l'ordinand
Place ses mains jointes dans celles de l'évêque.
Créant ainsi le clivage avec la figure du métèque.

---

[42] Mélange des mains.
[43] Celui qui reçoit l'ordination, qui est ordonné prêtre.

Le sens donné ici corrobore les dernières paroles de Jésus :
"*In manus tuas Domine, commendo spiritum meum*[44]."
Les mains offrent un transfert nu
D'un homme à un autre homme :
L'imposition des mains signifie
Un transfert de puissance ou d'énergie.

La main est enfin un symbole de l'action différentiatrice.
Sa signification rejoint celle de la flèche dominatrice
Et rappelle que le nom de Chiron, dont l'idéogramme est une flèche
Est un centaure non blèche.
Vient du mot main
Dans le grec ancien[45].

La main est comme une synthèse, exclusivement humaine
Du masculin ou du féminin, elle peut devenir reine.
Elle est passive en ce qu'elle contient
Active en ce qu'elle tient.
Elle sert d'arme et d'outil ; elle se prolonge par ses instruments.
Mais elle différencie l'homme de tout animal
Et devient continuité normale ;
Et sert à différencier aussi les objets qu'elle modèle et qu'elle sent.

---

[44] Entre tes mains Seigneur, je remets mon esprit.
[45] Χείρων / *Kheírôn*, dérivé du mot grec χείρ / *kheír*.

Même quand elle indique une possession ou une affirmation de pouvoir :
La main de justice, la main posée sur un objet ou un territoire,
La main donnée en mariage,
Et en amour, la main posée sur le visage.
Elle distingue celui qu'elle représente,
Soit dans l'exercice de ses fonctions
Soit dans une situation nouvelle, latente
Éventuellement une nouvelle confrontation.

Pied

On sait de la légende du Bouddha que dès sa naissance,
Il mesura l'univers. Pour cela, il avance
De sept pas dans chacune des directions de l'espace
Où il se déplace.

De Vishnu qu'il mesura l'univers en trois pas
Un à la fois
Dont l'un correspond à la terre,
Le second au monde intermédiaire,
Le troisième au ciel ;
… L'univers existentiel…
Et aussi dit on parfois, au lever, au zenith et au coucher du soleil
Pour édifier une merveille.

Aussi vénère-t-on, en Asie orientale
Dans le monde humain et le monde animal
D'innombrables Vishnupada et Bouddhapada,
Voire, plus rarement des Çivapada.
C'est la trace du dieu, du Bodhisattva
Dans le monde humain
Qui a formé le vœu de suivre le chemin[46].

---

[46] Indiqué par le bouddha Shakyamuni.

On montre aussi la trace des pieds du Christ sur le mont des oliviers ;
Du mont Tao-ying à l'immortel P'ong-tsou ;
De Mahomet à la Mecque et dans plusieurs grandes mosquées
Leurs pas en dessus et en dessous.

Les pieds de pélerins se rencontrent autour de nombreux
Lieux de culte plus ou moins fameux.
Il ne s'agit pas, en imprimant l'empreinte de ses pieds
De dire je suis venu mais d'affirmer :
J'y suis, j'y reste,
Et parfois je proteste
Comme parfois l'atteste
Parfois une légende, tracée dans le pied
Et formulant le désir de demeurer
En présence de la divinité.

Il est cependant dit des grands saints bouddhiques qu'ils sont sans traces,
Pourtant ils se déplacent dans l'espace
Ils sont hors d'atteinte,
Même s'ils laissent une empreinte.
Nous rejoignons ici le symbolisme universel des vestigia pedis[47]
Gravant ainsi dans la terre, des indices.

---

[47] Empreintes de pas.

Ces traces de pieds sont celles que l'on suit à la chasse spirituelle, ou non
Mais les empreintes ne sont visibles que jusqu'à la *Porte du soleil* en amont.
Au-delà, les traces disparaissent,
Et ne reparaissent
La divinité étant originellement et finalement dépourvue de pieds[48]
Ce qui ne retire rien à son caractère sacré.

Du point de vue de la hiérarchie des états spirituels et différents niveaux de pensées
La trace des états supérieurs se confond avec le pied de l'axe vertical
Donc avec l'état central
Qui est celui de l'homme véritable de la tradition chinoise : tchen-jen.
La tradition est certaine :
Hors de cet état central,
Il n'est donc pas possible de discerner la trace dont il s'agit.
C'est ce qu'il faut retenir de la hiérarchie.

Dans le mythe de Vaishvanara, les pieds correspondent à la terre
Avec laquelle ils établissent la relation très particulière
De la manifestation corporelle,
Manifestation universelle.

---

[48] Ophidienne.

Dans les représentations anicôniques[49] du Bouddha
Ce que l'on en retiendra
L'empreinte des pieds correspond également à la terre,
Le trône du monde intermédiaire.
Le pied symbolise un certain sens des réalités
Avoir les pieds sur terre, ancrés.

Étant le point d'appui du corps,
Le pied pour les Dogons est tout d'abord un symbole d'assise, de confort
Surtout une expression de la notion du pouvoir, de royauté.

Il sous-tend l'idée d'origine : chez les Bambaras, pays de grande pauvreté
Que le pied est le premier bourgeonnement
Du corps de l'embryon.
Donnant naissance à des filles ou des garçons.
Il désigne également
La fin : puisque dans la marche, le mouvement commence
Par le pied
Et se termine par le pied
En alternance.

Symbole de pouvoir, mais aussi de départ et d'arrivée,
Il rejoint le symbolisme de la clef.
Elle même expression de la notion de commandement et de possibilité.

_____

[49] Relatif à l'absence de la représentation de(s) dieu(x).

Le pied de l'homme laisse son empreinte sur les sentiers
Bons ou mauvais,
Qu'il choisit en fonction de son libre-arbitre.
Inversement le pied porte la marque de la démarche même du bélitre[50].

Ceci explique les rites de lavement des pieds, qui sont des rites de purification
Au cours de la cérémonie d'initiation
Des derviches Bektachi,
Le guide spirituel prononce ces paroles tandis
Qu'il lave les pieds de l'impétrant
En entrant et en sortant :
"C'est une obligation
Requise par le Dieu de merci et de compassion
Que tu sois chaque fois lavé
De la souillure laissée
Par les chemins d'erreur et de rebellion où tu as marché[51]."

Les pieds des anges[52] sont l'image de leur vive agilité
De cet impétueux mouvement dans l'éternité
Qui les emporte vers les choses divines, c'est même pour cela
Que la théologie nous les a représenté
Avec des ailes aux pieds,
De surcroît.
Ainsi, Hermès a des ailes aux chevilles
Fixées comme avec des anilles.

---

[50] Mendiant ; vaurien *(terme d'injure)*.
[51] Emmanuel Souchier, *Raymond Queneau*, Éd. Seuil, 1991, 320 p., p.45.
[52] Écrit le Pseudo-Denys l'Aréopagite.

Ce que nous appelons les *pieds bandés*
A donné matière à un nombre incalculable de probabilités,
Les unes plus ou moins exactes,
Accessibles à tous même aux autodidactes.
Les autres complètement erronées.
Lin Yu tang contracte à ce propos, quelques lignes, quelques faits :
La nature et l'origine de la déformation des pieds
Ont été bien incomprises
Cette coutume représentait, en somme sous une forme très bien admise,
Un symbole de la réclusion des femmes
Un usage cruel et plein de flammes.

Le grand lettré confucéen Chu-Hsi, de la dynastie Sung, préconisait
Aussi cette pratique dans le sud du Fou-Kien comme un moyen de propager
La culture chinoise et d'enseigner
La différence entre la femme et l'homme :
Ne concerne pas que le sexe, en somme.

Mais, si le seul but recherché
Avait été de cloîtrer
Les femmes, il est probable que les mères n'auraient pas bandé
Si volontiers les pieds de leurs filles même très aimées.

En fait, cette déformation était avant tout de nature sexuelle
Elle datait sans aucun doute des cours de rois libertins et cruels :
Elle plaisait aux hommes en raison du culte pour les pieds
Et plus précisément pour les souliers,
Les souliers de femmes, fétiches de l'amour à leurs yeux,
Et pour la démarche que cette mutilation imposait pour eux
Naturellement à leurs compagnes, celles-ci
Ne demandaient qu'à se concilier la faveur des hommes toute la vie.

Les pieds bandés représentaient la plus haute subtilité sensuelle des Chinois.
En plus de la démarche féminine, ils aimaient de surcroît
Et même adoraient les petits pieds
À les admirer,
À les chanter,
Et l'homme chinois en fit un fétiche d'amour.

Les pantoufles de nuit occupèrent une place importante
Dans toute la poésie sensuelle autour.
De la femme chinoise dans sa beauté permanente.

Selon des psychanalystes, le pied aurait aussi
Une signification phallique.
Et la chaussure serait un symbole féminin clairement défini
Il appartient au pied féminin de s'y adapter de façon plus ou moins magique…

Le pied serait le symbole infantile du phallus
Un très important stimulus[53].

Parmi les parties les plus importantes du corps,
Suivant une enquête d'Amérique du nord
Le pied viendrait au cinquième rang
Après les yeux, les cheveux, le corps entier et la croupe
Y compris, la poupe.
Il peut provoquer un désir ardent.

Mais ces résultats sont des plus contestables
Le professeur Hesnard observe de façon remarquable :
"Pour l'homme de sexualité normale,
L'attirance érotique pour le corps de la femme désirée
Est non pas une synthèse banale
Des parties, mais aussi une structure, un ensemble, une totalité,
Dont chaque élément n'a d'existence,
Pour l'amoureux que si la signification parcellaire fait sens
Et concourt à la signification d'ensemble de toute la personne[54].

---

[53] Cause externe ou interne capable de provoquer la réaction d'un système excitable, d'un organisme vivant.
[54] Corporelle et psychique.

La préférence érotique pour le pied se donne
À cette structuration de la féminité :
Il entre en jeu des éléments qui sont liés à la fixation,
Dans l'expérience vécue du sujet,
De certains événements infantiles en adéquation,
Qui ont persisté dans l'activité psychique
En vertu d'une non-maturation érotique".

Restif de la Bretonne avait un fétichisme du pied
Et une chaussure était pour lui, un puissant excitant sexuel.
Le pied apparaît sinon comme le foyer essentiel,
Du moins comme l'un des pôles de l'attraction sexuelle.

Le pied est un symbole érotique, de puissance très inégale
Mais particulièrement forte aux deux extrêmes sociétales.
Pour les primitifs et pour les raffinés.

Dans l'évolution psychologique de l'enfant,
La découverte du pied
Joue un rôle très important.

Caresser les pieds d'autrui, surtout s'ils sont bien faits
Peut devenir une vraie passion chez certains enfants ;
Et beaucoup d'adultes avouent conserver
Une survivance de la même impulsion,
Qui paraît faire éprouver un plaisir intense.
L'intérêt que certaines mères éprouvent à leurs façons
Pour les doigts de pied de leurs enfants
Et qu'elles expriment avec une passionnée violence
Et presque incroyable est fréquent.

C'est là un facteur d'ordre sexuel d'une grande importance,
La signification phallique du pied
Aurait tendance à diminuer
Sous l'effet d'une objectivation des fonctions propres à chaque organe
Et à chaque membre du sujet.
De menbrane à membrane
Cependant les *pieds bandés*
Restent une forme de mutilation sexuée.

Le pied serait aussi un symbole de la force de l'âme
Selon Paul Diel en ce qu'il est le support de la station debout
Tant chez l'homme que chez la femme.

Le pied vulnérable chez Achille au destin fou
Le boiteux, Héphaïstos.

Regard

Le regard dirigé lentement de bas en haut
Est un signe de bénédiction pour tous et pas seulement les héros,
Dans les traditions d'Afrique Noire
Le salut et le signe d'état de gloire se fait par le regard.

Le regard est chargé de toutes les passions de l'âme,
Et doté d'un pouvoir magique qui telle une flamme
Lui confère une terrible efficacité.
Le regard est l'instrument des ordres intérieurs secrets :
Il tue, fascine, foudroie, séduit.
Il participe à tous les moments de vie.

Il est question, dans le récit de *l'Ivresse des Ulates*, d'un champion d'Ulster
Lors d'une fête de Samain, Conchobar mac Nessa
Décida d'organiser un festin à Emain Macha
Sans savoir que cela déclencherait des guerres.

Il envoie Leborcham chercher Cúchulainn, et Findchad Fer Bend Uma
Quérir Fintan mac Neill selon les mêmes desiderata.

Les deux héros arrivent séparément.
Ils s'affronteront violemment.
Devant la ville où ils rencontrent le druide Genda mac Ailella
Qui leur demande de ne pas réclamer le tiers
Du royaume d'Ulster
Comme ils en ont pourtant le droit.

Durant le festin Cúchulainn et Fintan mac Neill se querellent,
Et le druide les apaise de plus belle.

Mais la coutume veut que l'on rende la pareille après ce genre d'invitation
Et malheureusement les deux personnages prennent la même décision :
Ils choisissent la même journée pour lancer leur festin.
Ce qui provoque une nouvelle et très violente querelle dans ce lointain.
Le druide propose un compromis.

Le festin se déroulera la première partie de la nuit
Chez Fintan mac Neill et l'autre moitié
Chez Cúchulainn, il y aura donc deux festivités.

Tout se passe bien chez Fintan mac Neill mais lorsque les Ulates éméchés
Se rendent chez Cúchulainn, ils s'égarent de tous côtés.

Ils arrivent dans le Connaught chez le roi
Ailill mac Māta
Et la reine Mebd, qui a un sens tout particulier de l'hospitalité
Puisqu'elle les invite dans une maison de fer
Les y enferme et met le feu à l'édifice sans aucune pitié.
C'est un acte de cruauté singulière.

Mais grâce à Cúchulainn, les Ulates parviennent à s'extraire du brasier,
Et non sans difficulté,
Battent finalement les hommes du Connaught, et vont enfin
Chez Cúchulainn poursuivre leur festin.

Toujours dans le même récit, il est question d'un champion
Tricastal, dont le seul regard suffit à tuer
N'importe quel, même le plus grand guerrier.
Le principe est le même que celui de l'œil, une puissante vision.

Jean Paris a tenté de fonder une critique des arts visuels sur le regard
Sur les modes selon lesquels il s'impose et toutes ses histoires.
Or l'œil aussi se peint, or l'œuvre aussi nous considère.
Et où mieux saisir le secret d'un peintre dans la perception si particulière
De ce regard, dont il dote ses créatures ?
Afin qu'éternellement elles perçoivent les mystères des différentes natures.

Les métamorphoses du regard ne révèlent pas seulement celui qui regarde
Elles mettent en éveil, en garde
Tant à l'observateur, celui qui est regardé.

Il est curieux en effet d'observer les réactions du regardé
Sous le regard de l'autre et de s'observer
Soi-même sous des regards étrangers.

Le regard apparaît comme le symbole et l'instrument d'une révélation.
Mais plus encore , il est un réacteur
Et un révélateur
Réciproque du regardant et du regardé dans la même situation.

Le regard d'autrui est un miroir, qui reflète deux âmes
Ainsi Charles Baudelaire s'éclame :
"Homme libre, toujours tu chériras la mer !
La mer est un miroir ; tu contemples ton âme
Dans le déroulement infini de sa lame,
Et ton esprit n'est pas un gouffre moins amer.
… Vous êtes tous les deux ténébreux et discrets :
Homme nul n'a sondé le fond de tes abîmes,
O mer, nul ne connaît tes richesses intimes,
Tant vous êtes jaloux de garder vos secrets[55]."

Le regard est comme la mer, changeant et miroitant
Reflet à la fois tant
Des profondeurs sous-marines et du ciel.
La mer est comme aux yeux du poète, une femme fort belle.

Le regard du Créateur et le regard de la créature
Constituent l'enjeu même de la création pure,
Suivant la conception soufi du monde, comme une relation amoureuse :
Ils s'appellent l'un l'autre
Et n'existent pour l'un et pour l'autre,
Que par l'un et l'autre.
C'est une approche de la vie heureuse.

---

[55] Charles Baudelaire, *L'intégrale*, Éd. Books on Demand, 2018, 3366 pages, p.XIV.

Sans ces regards, la création perd toute raison d'être.
"*C'est sur le jeu magique de ton regard*
Que nous avons posé le fondement de notre être[56]".

La morale consiste à bien jouer de son regard
Elle est science et art du regard.
Jouer de son regard,
Ce n'est pas jouer de ce monde des apparences,
C'est le dévoiler pour y découvrir le regard du Créateur : la Connaissance :
Alors le monde est compris
Comme le propre jeu du regard de Dieu.
Comme le ruissellement de son trésor infini,
La révélation de ses attributs fabuleux.

Si la face divine devient l'épiphanie de ton regard[57],
Il n'y a pas de doute : tu es à présent le possesseur du regard.

---

[56] Dit Hafiz de Chiraz.
[57] Dit encore le poète.

Sexe

Les alternances de sexe sont assez rares dans les mythologies,
Mais nullement exceptionnelles car abouties.

Ce n'est point la réalité physique qui intéresse la symbolique
C'est la signification dont le sexe est affecté dans l'imagination
En corrélation avec l'univers des frissons
Des différentes peuplades ethniques.

Or, chaque être, du point de vue des symboles,
Tient à la fois du masculin
Et du féminin
De leurs paroles.
Comme de la lune du soleil.
De la plus infime, à la plus conséquente merveille
Du Yang et du Yin, de l'esprit et de l'âme
De l'eau et de la flamme,
Du principe actif
Et du principe passif
De la conscience et de l'inconscient.

Le sexe indique non seulement
La dualité de l'être, mais sa bipolarité
Et sa tension interne,
Qui parfois affecte la tension externe.

Quant à l'union sexuelle, elle symbolise la recherche de l'unité,
L'apaisement de la tension plus ou moins avouée
La réalisation plénière de l'être
Dans l'être.

C'est pourquoi les poèmes mystiques
Empruntent le langage érotique,
Pour tenter d'exprimer l'ineffable union de l'âme avec son Dieu.

Le masculin et le féminin restent à évoquer tout deux :
Ces deux mots ne doivent pas s'entendre seulement sur un plan biologique
Incluant le sexe de l'individu ;
Il faut les comprendre à un niveau plus hiérarchique
Et plus étendu.

Ainsi l'âme est une combinaison
Des principes mâle et femelle
Nefesh, principe mâle, de l'hébreu : âme dans toute ses dimensions :
Souffle, vie, énergie.
Chajah, principe femelle
Donnent la pleine signification d'âme vivante
De vibration soufflante.

Selon le Zohar, les éléments masculins et féminins
De l'âme proviennent des sphères cosmiques.
Cette œuvre kabbalistique
Est rédigée en araméen.

La paternité en est discutée.
Elle est traditionnellement attribuée
À Rabbi Shimon bar Yohaï
La recherche académique suggère aujourd'hui
Qu'il pourrait également aussi être redirigé
Par Moïse de León pour ses écrits.
Ou par son entourage
En compilant une tradition orale, aussi sage.
Il s'agit d'une exégèse ésotérique de la Torah
Une nouvelle approche de la Loi.

L'union mystique avec le divin
Occupe une place essentielle dans le Zohar.
Le parcours du mystique suit dix étapes principales sur ce chemin
Dont les sephirot représentent les enjeux en composant
Un royaume symbolique à part
Un royaume indépendant du temps.
Ce sont les *"dix nombres abîmes"* assimilables aux dix extensions
Ou mesures infinies d'un principe central unique et inconnu,
Les dix dimensions de l'univers dans lequel Dieu s'est étendu
En y laissant les traces de son profond.

Le mâle émet la puissance de vie
Ce principe est sujet à la mort.
La femelle est porteuse de vie,
Elle anime encore et encore.

Ève, issue d'Adam signifie
Dans cette perspective, que l'élément spirituel est au-delà de l'élément vital
On retrouve un thème analogue dans le thème d'Athéna, la fatale.

À cet égard le Zohar prend l'exemple de la chandelle
Avec ses deux éléments éternels :
Son élément sombre et son élément clair
Signifiant le masculin et le féminin.
Dans tous les temps prochains.
Dans tous les chemins de lumière.

La distinction mâle et femelle est un signe de séparation[58],
Dans le premier récit de la création,
L'homme est androgyne : la séparation n'a pas encore eu lieu.
La femme n'est encore qu'un projet dans l'esprit de Dieu.

Au niveau mystique, l'esprit est considéré comme mâle
L'âme animant la chair, comme femelle
C'est la dualité principale
D'animus et d'anima, l'essentielle.

Quand ces mots sont employés à un niveau spirituel,
Ils ne désignent pas la sexualité mâle-femelle
Mais le don et la réceptivité.

---

[58] Eaux supérieures, eaux inférieures, ciel, terre.

Dans ce sens ésotérique, le céleste est masculin
Et le terrestre féminin.
Dans la mesure où l'on se place sur un plan biologique
En interprétant masculin et féminin sur un plan physique,
On aboutit à la plus grande confusion
Même si l'on peut quelquefois parler de *fusion*.

Les Occidentaux sont le plus souvent excités
Ou scandalisés
Par le symbolisme érotique de l'art oriental et de l'Inde en particulier.
Il n'est pas rare de voir des lecteurs étonnés
Par le symbolisme du *Cantique des Cantiques* et déconcertés
Par les commentaires auxquels ce livre a donné lieu,
L'intimité du roi Salomon avec Dieu.

Le Cantique par excellence constitue l'un des plus beaux chants
Depuis la nuit des temps.
Un chant d'amour de la littérature universelle :
Issu de la Bible éternelle.
Il célèbre un couple, le bien-aimé
Et la bien-aimée,
Qui se rejoignent et se perdent, se cherchent et se retrouvent.
Ils éprouvent cent fois plus ce que les amants ordinaires éprouvent.

De toutes les œuvres bibliques, c'est celle qui a suscité le plus d'interprétations
Dans la Bible juive, il fait partie des cinq rouleaux liturgiques[59]
Utilisés aux grandes fêtes célébrant Sion
Et les événements bibliques, historiques.

Dans la Bible grecque, il est rangé parmi les livres sapientiaux.
C'est l'un des textes les plus fondamentaux.

Peut-on admettre qu'un tel ensemble, où le nom de Dieu
N'est cité qu'une fois sous un verbe mystérieux
Et où se trouve magnifié l'attrait réciproque de l'homme et de la femme
Soit une parole divine adressée à l'homme ?
Une âme vers une autre âme
Comme un chant d'amour en somme.

La réponse de la tradition chrétienne, comme celle de la tradition juive
Depuis Hippolyte et Origène fut toujours affirmative.

Dans son état actuel,
Le Cantique se présente comme une suite de poèmes charnels,
Où s'entrecroisent pour chanter leur amour
Les voix du bien-aimé, de la bien-aimée et d'un chœur
S'adorant de nuit comme de jour
Et, ce à toutes heures.

---

[59] Megillôth.

Ces chants sont précédés d'une suscription
Attribuant l'ensemble à Salomon,
Les interprétations se multiplient à l'infini
Dans leurs oppositions et leurs nuances en poésies.

Il convient de s'établir sur le plan de l'esprit
Pour saisir le symbole et son sens :
"Non par la lettre, mais par le souffle, [dans sa permanence]
Car la lettre tue, mais le souffle vivifie"[xi].

Même si nous nous plaçons sur le plan de la sexualité
L'homme comporte un élément féminin
Et la femme, un élément masculin.
Les deux sont étroitement liés,
Tout symbole féminin ou masculin
Présente un caractère opposé.

Ainsi l'arbre est féminin ;
Cependant il peut paraître masculin.

Paul Evdokimov a fixé en termes clairs
Dans une vision orthodoxe, où mystique,
Ontologie et symbolique
Se rejoignent, le problème du masculin, du féminin qui ne sont pas contraires
Son propos possède une valeur universelle
Dans une perspective chrétienne.

Après avoir rappelé que dans le Christ éternel
Il n'y a ni homme-roi, ni femme-reine,
Que chacun trouve en lui son image,
Ses paysages
Et que la plénitude humaine est intégrée totalement en Jésus,
Il écrit : *"Dans l'histoire [et ses passages]*
Nous sommes tel homme en face de telle femme [nue].
Néanmoins cette situation n'existe pas pour que l'on s'y installe,
Mais en vue d'un dépassement… [, vers un original].
Ainsi dans l'existence terrestre, chacun passe par le point crucial
De son éros, chargé à la fois de poisons mortels
Et de révélations célestes, pour entrevoir déjà
L'Éros transfiguré du royaume [présent, là]".
Il s'agit ainsi d'une émotion ascensionnelle.

Il est impossible de présenter d'une façon plus juste, le problème
Du masculin et du féminin qui se parsèment
Dans *les deux dimensions de l'unique plérome*[60] *du Christ.*

---

[60] Plénitude divine dont les êtres spirituels sont l'émanation.

Ce que Saint-Paul déclare à propos du Christ,
Grégoire de Nysse le dira de l'humanité.
Ainsi le masulin et le féminin
Perdent l'un envers l'autre leur agressivité.
C'est un échange divin
Ils cessent d'être opaques,
Tout en conservant l'un et l'autre leur propre énergie.
Leurs dimensions fantasques
Qui font la particularité de leurs vies.

Dans le Dieu *un,*
Se présentaient le masculin et le féminin ;
Le Christ image parfaite de Dieu
Est dans sa totalité masculine et féminine.

Avec tous les penchants et tous les aveux
De la créature divine.

En suivant la distinction hypostatique, le masculin
Est en rapport avec l'Esprit Saint.
L'"unidualité" du Fils et de l'esprit traduit le Père.
Et s'exprime dans la prière.

Ces deux mots, masculin et féminin,
Ne se limitent donc pas à l'expression de la sexualité.
Ils symbolisent deux aspects,
Dans la présence à la fois de l'homme et du divin
Complémentaires ou parfaitement unifiés,
De l'être, de l'homme, de Dieu.

Table des matières

Omphalos 7
Main 23
Pied.. 49
Regard 61
Sexe 67

Références bibliographiques

[i] Jn, 14.27
[ii] Ex, 25.8
[iii] Ex, 29.45
[iv] Is, 8.18
[v] Jr, 1.19
[vi] Ex, 20.8
[vii] Ex, 20.9
[viii] Ex, 20.10
[ix] Ex, 20.11
[x] Ex, 22.14
[xi] 2Ch, 3.6